10	10
20	20
30	30
40	40
50	50

_____

_____

_____

_____

_____

10	10
10 20	20 10
20 30	30 20
30 40	40 30
40 50	50 40
50	50

10 20 30 40 50

10 20 30 40 50

10 : : 10

10 20 : : 20 10

20 30 : : 30 20

30 40 : : 40 30

40 50 : : 50 40

50 : : 50

10	20	30	40	50	:	:	50	40	30	20	10

_____

_____

_____

_____

_____

10		10
20		20
30		30
40		40
50		50

10 10
10 20 .... 20 10
20 30 .... 30 20
30 40 .... 40 30
40 50 .... 50 40
50 50

10   20   30   40   50

10   20   30   40   50

10 20 30 40 50

10 20 30 40 50

10		10
20		20
30		30
40		40
50		50

10 10

10 20 20 10

20 30 30 20

30 40 40 30

40 50 50 40

50 50

10 20 30 40 50

10 20 30 40 50

10 20 30 40 50

10 20 30 40 50

10 20 30 40 50

10 20 30 40 50

10 20 30 40 50

10 20 30 40 50

_____

_____

_____

_____

_____

10 20 30 40 50 :::: :::: 10 20 30 40 50

10		10
20		20
30		30
40		40
50		50

10 20 30 40 50

10 20 30 40 50

_____

_____

_____

_____

_____

10 · · · · · · · · · · 10

10 · · · · · · · · · · 20 10

20 · · · · · · · · · · 30 20

30 · · · · · · · · · · 40 30

40 · · · · · · · · · · 50 40

50 · · · · · · · · · · 50

10 ⋮ ⋮ 10

10 20 ⋮ ⋮ 20 10

20 30 ⋮ ⋮ 30 20

30 40 ⋮ ⋮ 40 30

40 50 ⋮ ⋮ 50 40

50 ⋮ ⋮ 50

10   10

10   20   20   10

20   30   30   20

30   40   40   30

40   50   50   40

50   50

10   10

20   20

30   30

40   40

50   50

10 20 30 40 50

10 20 30 40 50

_____

_____

_____

_____

_____

10   10

10   20

20   30

30   40

40   50

50   50

10	⋮	⋮	10
20	⋮	⋮	20
30	⋮	⋮	30
40	⋮	⋮	40
50	⋮	⋮	50

_____

_____

_____

_____

10 10

10 20

20 30

30 40

40 50

50 50

10 20 ⋮ ⋮ 10

20 30 ⋮ ⋮ 20 10

30 40 ⋮ ⋮ 30 20

40 50 ⋮ ⋮ 40 30

50 ⋮ ⋮ 50 40

10 10

10 . . . . . 20 10

20 . . . . . 30 20

30 . . . . . 40 30

40 . . . . . 50 40

50 . . 50

10 10
20 20
30 30
40 40
50 50

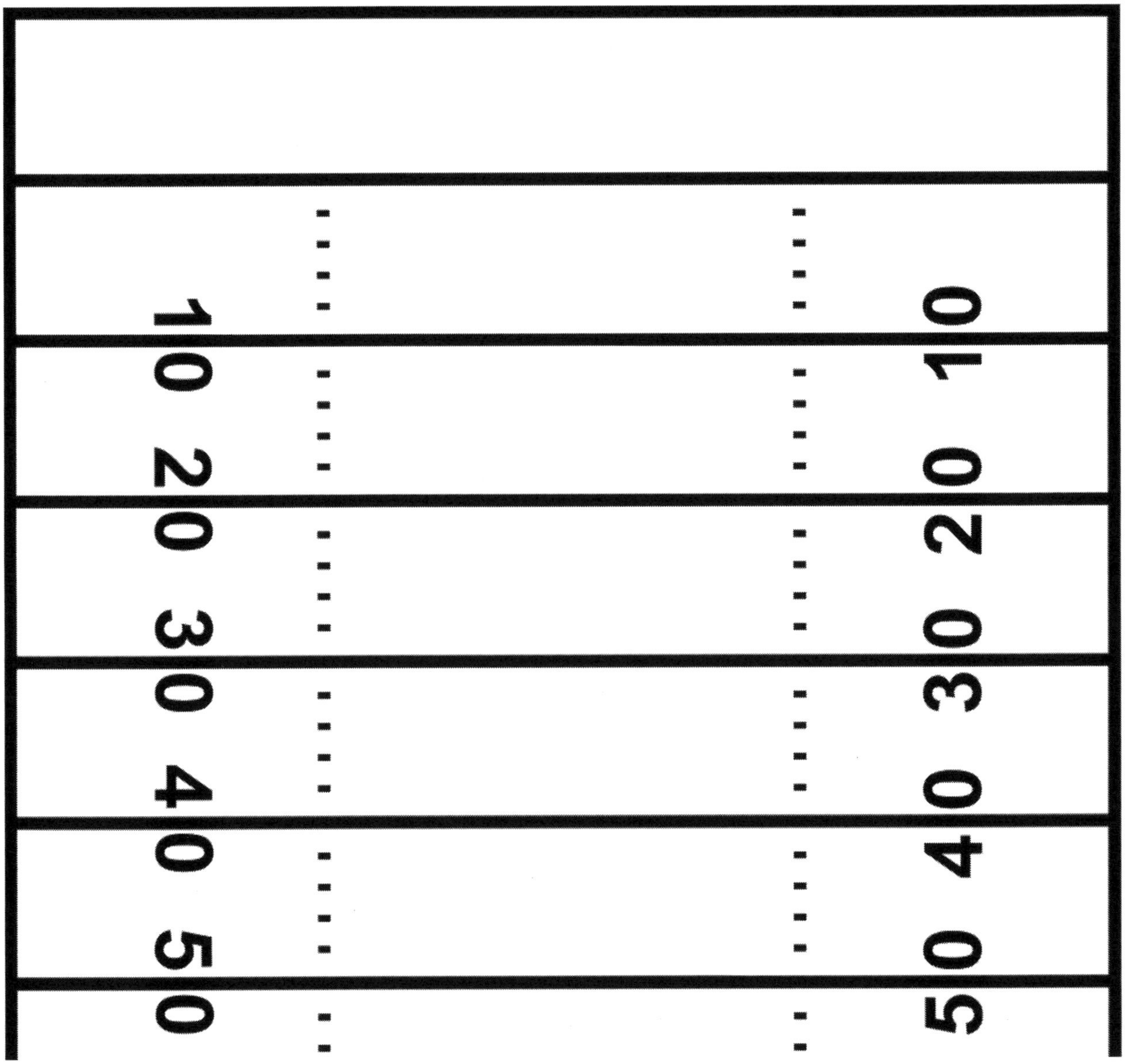

10 10

10 20 20

20 30 30

30 40 40

40 50 50

50 50

10 20 30 40 50

10 20 30 40 50

10 20 30 40 50

10 20 30 40 50

_____

_____

_____

_____

_____

10	⋮		⋮	10
20	⋮		⋮	20
30	⋮		⋮	30
40	⋮		⋮	40
50	⋮		⋮	50

_____

_____

_____

_____

10
10 20
20 30
30 40
40 50
50

10	.	10
20	.	20
30	.	30
40	.	40
50	.	50

10 10

10 20 20 10

20 30 30 20

30 40 40 30

40 50 50 40

50 50

10 20 · · · · · 10

10 20 · · · · · 20 10

20 30 · · · · · 30 20

30 40 · · · · · 40 30

40 50 · · · · · 50 40

50 · · · · · 50

10 20 30 40 50

10 20 30 40 50

10 20 30 40 50

10 20 30 40 50

_____

_____

_____

_____

10 20 30 40 50

10 20 30 40 50

```
    10  20  30  40  50          50  40  30  20  10
```

_____

_____

_____

_____

10			10
20			20
30			30
40			40
50			50

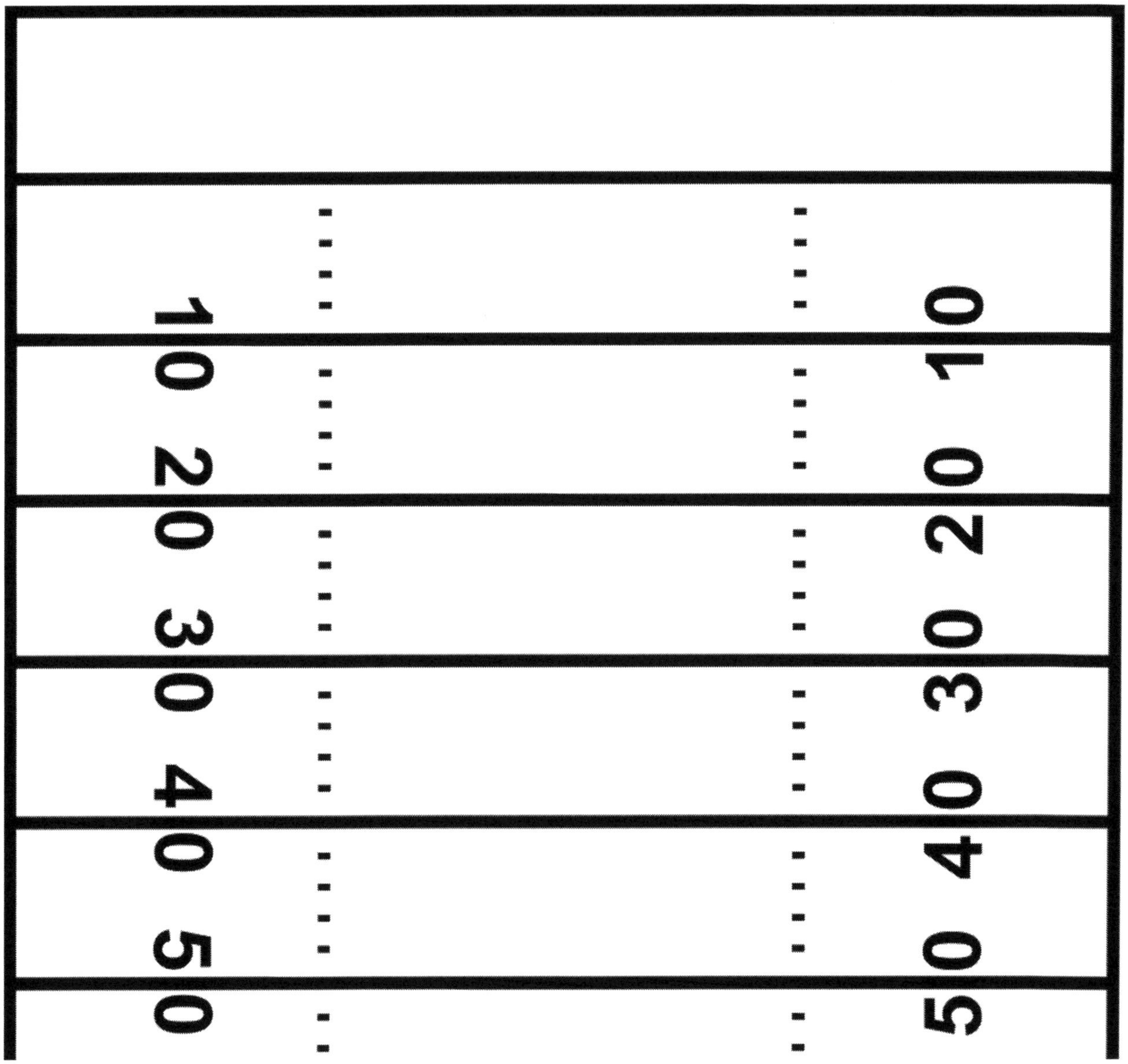

10
10 20
20 30
30 40
40 50
50

10 20 30 40 50

10 20 30 40 50

10   10

10   10
20   20

20   20
30   30

30   30
40   40

40   40
50   50

50   50

10 20 30 40 50

10 20 30 40 50

10 20 30 40 50

10 20 30 40 50

_____

_____

_____

_____

_____

10 20 30 40 50

10 20 30 40 50

10 10

10 20

20 20

30 30

30 40

40 40

50 50

50 50

10

10 20

20 30

30 40

40 50

50

10 10
20 20
30 30
40 40
50 50

10		10
20		20
30		30
40		40
50		50

10 20 30 40 50

10 20 30 40 50

10   10

10   20   20   10

20   30   30   20

30   40   40   30

40   50   50   40

50   50

10 | 10
20 | 20
30 | 30
40 | 40
50 | 50

10		10
20		20
30		30
40		40
50		50

10 10

20 10 20 10

30 20 30 20

40 30 40 30

50 40 50 40

50 50

10 20 30 40 50

10 20 30 40 50

10 · · · · · · 10

10 20 · · · · · · 20 10

20 30 · · · · · · 30 20

30 40 · · · · · · 40 30

40 50 · · · · · · 50 40

50 · · · · · · 50

10 20 30 40 50

10 20 30 40 50

10 20 30 40 50 50 40 30 20 10

10	⋮	10
20	⋮	20
30	⋮	30
40	⋮	40
50	⋮	50

10 20 30 40 50

10 20 30 40 50

10
20
20
30
30
40
40
50
50

10
10
20
20
30
30
40
40
50
50

10 · · · · · · · · · · · · 10

10 20 · · · · · · · · · · · · 20 10

20 30 · · · · · · · · · · · · 30 20

30 40 · · · · · · · · · · · · 40 30

40 50 · · · · · · · · · · · · 50 40

50 · · · · · · · · · · · · 50

10 20 30 40 50

10 20 30 40 50

10 20 30 40 50

10 20 30 40 50

10 20 30 40 50

10 20 30 40 50

10 10

20 10 20

30 20 30

40 30 40

50 40 50

50

10 20 30 40 50 0

10 20 30 40 50 0

10 20 30 40 50 : : : : : : : : : : 50 40 30 20 10

10 20 30 40 50 50 40 30 20 10

10 20 30 40 50 50 40 30 20 10

10 10

10 20 20 10

20 30 30 2

30 40 40 3

40 50 50 4

50 50 5

10 20 30 40 50

10 20 30 40 50

10 10

10 20

20 30

30 40

40 50

50 50

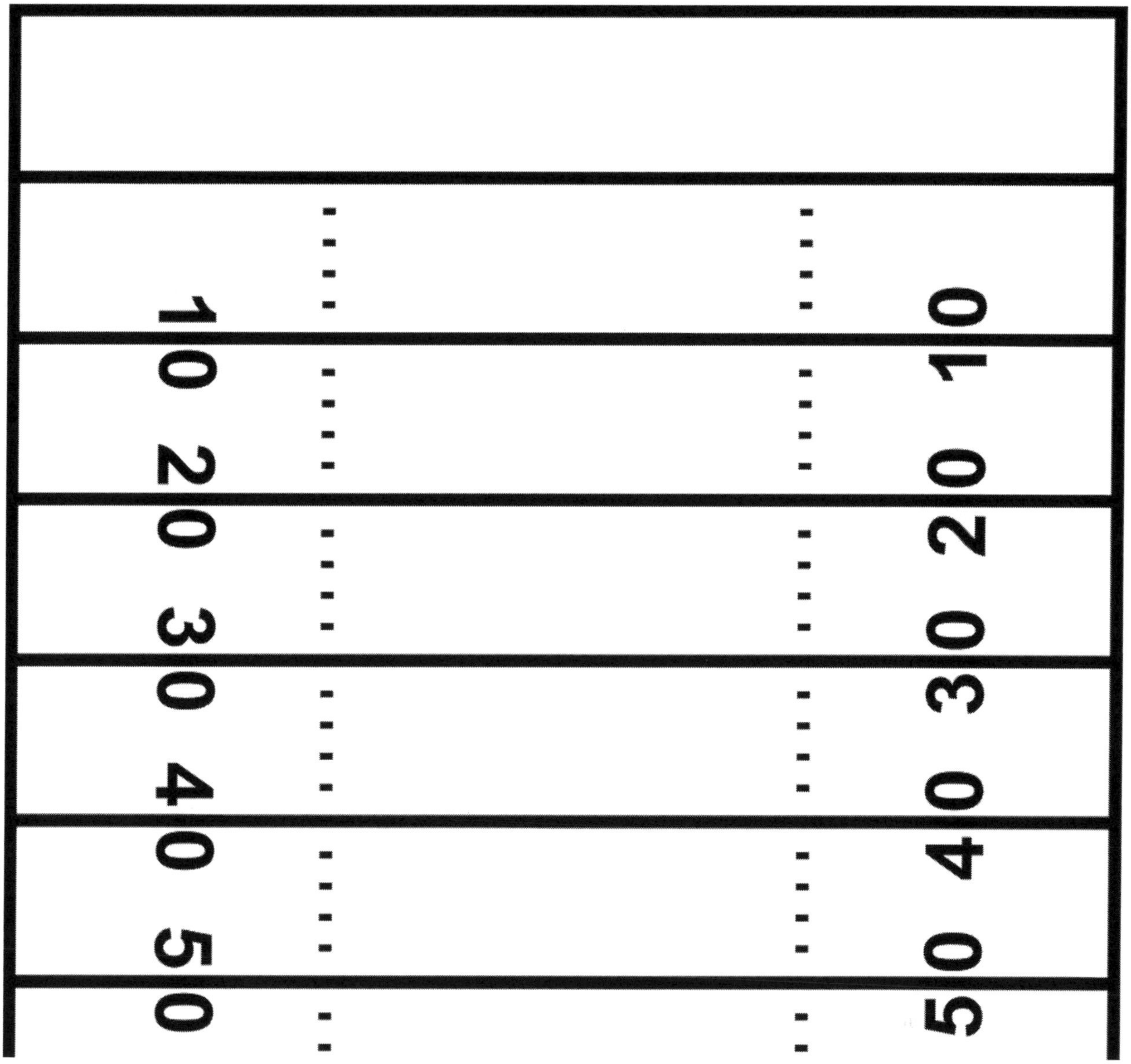
10
20
30
40
50

10 10

10 20 20 10

20 30 30 20

30 40 40 30

40 50 50 40

50 50

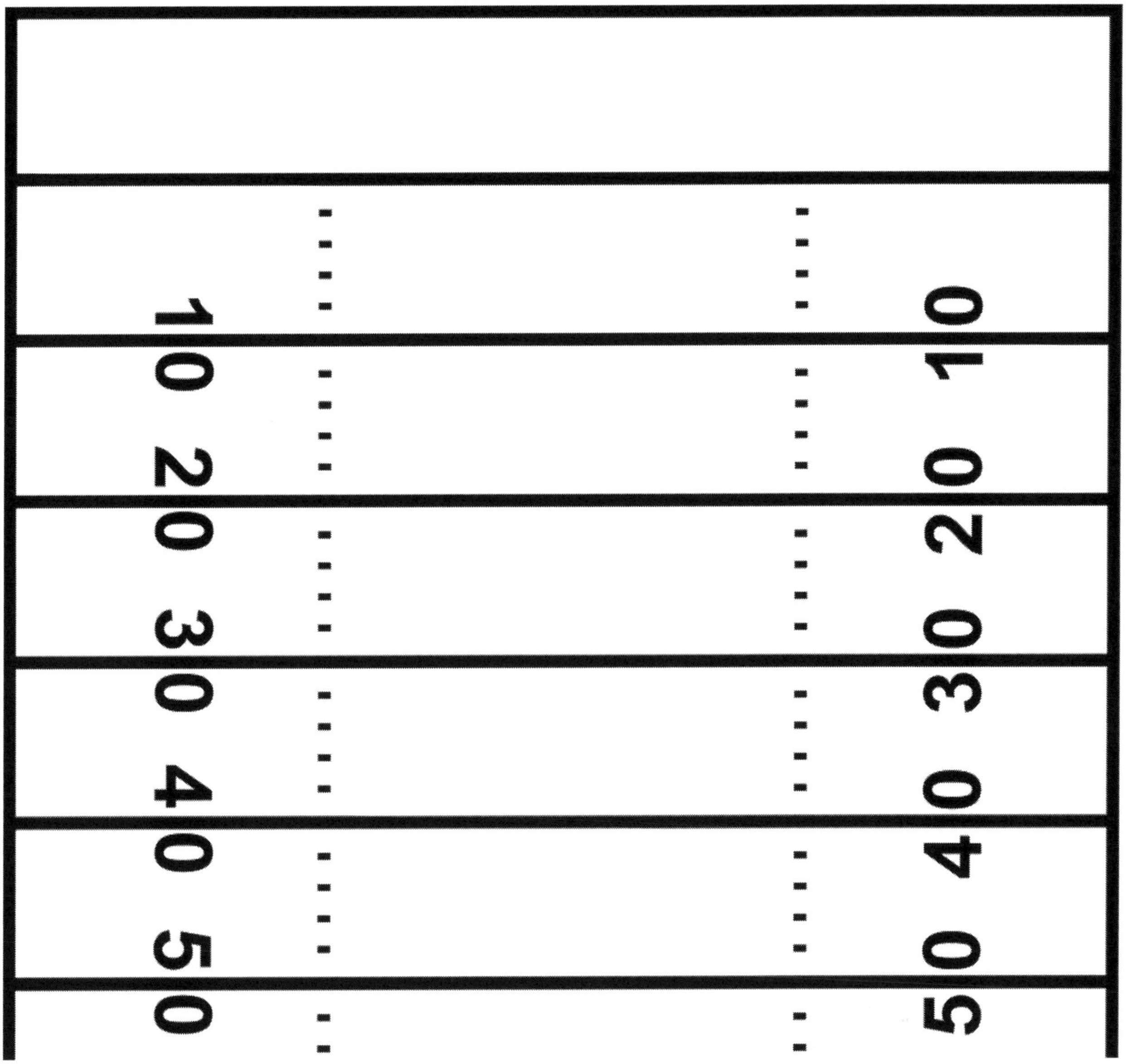

10
20
30
40
50
10
20
30
40
50

10 ⋮ 10
20 ⋮ 20
30 ⋮ 30
40 ⋮ 40
50 ⋮ 50

10	:	:	10
20	:	:	20
30	:	:	30
40	:	:	40
50	:	:	50

10	⋮	⋮	10
20	⋮	⋮	20
30	⋮	⋮	30
40	⋮	⋮	40
50	⋮	⋮	50

```
10   :   :   10
10   :   :   20
20   :   :   30
30   :   :   40
40   :   :   50
50   .   .   50
```

10	:	10
20	:	20
30	:	30
40	:	40
50	:	50

_____

_____

_____

_____

10 20 30 40 50

10 20 30 40 50

10 20 30 40 50

10 20 30 40 50

```
10    20   30   40   50                    50   40   30   20   10

:     :    :    :    :                     :    :    :    :    :
```

_____

_____

_____

_____

_____

10 · · · · 10

10 20 · · · · 20 10

20 30 · · · · 30 20

30 40 · · · · 40 30

40 50 · · · · 50 40

50 · · · · 50

10   10

20 20

30 2

40 3

50 4

5

10 20 30 40 50

10 20 30 40 50

10 20 30 40 50

10 20 30 40 50

10 20 30 40 50

10 20 30 40 50

10 20 30 40 50

10 20 30 40 50

10 · · · · · 10

10 20 · · · · · 20 10

20 30 · · · · · 30 20

30 40 · · · · · 40 30

40 50 · · · · · 50 40

50 · · 50

10	10
20	20
30	30
40	40
50	50

10 20 30 40 50

10 20 30 40 50

Made in the USA
Columbia, SC
19 June 2021